AF599936

MIRA LA LLUNA

Marta Belmonte

Aliarediciones

Del prólogo: Cristina López
Corrección: Eladia Guerrero
Diseño de cubierta: Laura S. Ayuso
Ilustraciones: Nil Cohí y Marta Belmonte
Maquetación: Aliar Ediciones

Depósito Legal: GR 64-2024
ISBN: 978-84-10155-30-5

Impreso en España

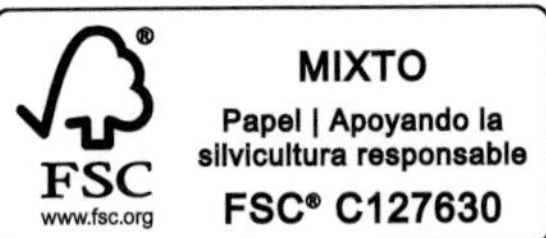

Edita
ALIAR Ediciones
www.aliarediciones.es
info@aliarediciones.es

A todas las personas que viven enamoradas de la Luna;
a todas aquellas que llevan el cielo en los ojos
y la primavera en el pecho, aunque sea en invierno.

(d'alguna manera, brillo més si us tinc a prop)

PRÓLOGO

Pensar en Granada es como pensar en un refugio,
en una estrella sin fecha de caducidad,
en una metamorfosis, pero sin senescencia;
es pensar en una persona que brilla por su ausencia.

Respirar en Granada es sentir el aire puro que recorre las acequias,
es quedarse sin aliento por la Cuesta del Chapiz
y echarme a llorar cada vez que pienso en ti.

Enamorarse en Granada en sentir el calor de las castañas...
mientras que, por el Paseo de los Tristes, nos augura la Alhambra.
Es coger una botella de vino y partir a un mirador
para después acabar la noche hablando con la mano en el corazón.
Es decir: «Vamos, que vamos tarde a La Tertulia»,
y después coger la guitarra para liberarnos de las penurias.

Fue gracias a esta ciudad por quien tuve la fortuna
de conocer la poesía en cada una de sus curvas.
Y ahora es cuando te digo que sigo aquí,
que som la sort de seguir aquí,
que vull ser aquest cel de llums per fer-te feliç.
Porque Granada son muchas cosas, pero, sobre todo, eres tú.

Cristina López Romero

MIRA LA LLUNA

Marta Belmonte

1er Premio
Poetry Slam Garnata
2023

Tiene el mundo en la yema de sus dedos
y cambia sonrisas por miradas
tan profundas
que rasgan todos los amaneceres
desde una luna llena.

CAPÍTULO I - RENOVACIÓN

Somnífers - **Sidonie**

1

Tengo una espina atravesándome la sien
desde que hoy desperté.
Tengo intacta la voz de grito de fuerza.

Tengo roto el grito de llanto en dolor;
no deja cicatrizar.

2

Algunas veces he rescatado de mí
la perdición hecha piernas, cara e instinto
y la he hecho cuerpo, mente y espíritu;

otras se ha quedado en pestañas ajenas
y ya no sé cómo sacarla.

Algunas veces me he despertado en cunetas desconocidas
con *noconocidos* salvándome
de perdición grabada a fuego en mi rostro;
aunque siempre acabo siendo yo

mi propio rescate.

3

Escribo
porque duele,
porque aún dueles,
porque me huele el alma aún a sangre y gasas
y duele
aún la sal de mis pestañas.

Lágrima ha sido incrustada a traición
por el perdón que nunca perdoné,
por el querer a errores,
por el dolor que nunca supe ver

olvidé olvidarte
y olvidé querer.

4

Le quedabas tan bien a mis labios —mientras me rompía en dos—,

y me abrazó.

5

Como huracanes que arrasan,
como miradas que amenazan,
como espinas que clavan
como puñales que rajan

viéndonos dos veces por semana,
soñando con las mismas sábanas
y, al final, aparte de hacernos sangre aún con hambre,
rompernos las ganas
fue siempre nuestro único motivo,
haciéndonos de impulsos y frenando en seco,
clandestinidad en bares de periferia y cigarros sueltos,
tan sueltos que arrancan de cuajo
palabras de llanto.

Me he hecho corazón de paseo y poco a poco me he visto
volver a ser,
de madrugada y sin querer,
nómada de mi piel.

Me he hecho corazón de paseo y de mano en mano,
a ciegas, he creído ser
estruendo en la manera en la que reposan,
sobre tu alma, mis pies.

CAPÍTULO II - DEJAR IR

Semilla en la tierra - **Carlos Chaouen**

6

Desde la penumbra de mis pestañas
te he visto pasar rápido
entre curvas más peligrosas que el eclipse de tus pupilas,
embaucando a suertes ajenas
que jamás han visto cuatro hojas juntas en un mismo trébol.

Inmensos caminos de espinas clavadas en mis pies a cada paso suspicaz,
que revocan mis palabras
entre un silencio eterno
y mi propia tempestad.

7

Hasta que te perdí,
y me perdí a mí después.

8

He creído tantas veces en lo eterno
hasta que el tiempo lo ha hecho efímero,
hasta que el viento lo ha hecho arena de sal de invierno
y corazón hecho de veneno.

Asfixia que recurre a mí
y recorre cuerpo y alma
pidiendo que recuerde,
puñal enredado en rosas
y labios de ensueño hechos esposas.

9

Y me siguen apretando las cadenas
cada vez que intento ponerme en pie,
llenándome la mente de ojalás
y de porqués sin respuesta.
Y me siguen invadiendo esos ojos
más sinceros que nunca
sin decir ni una palabra.

Como si el universo quisiera decirme algo,
hipnotizándome con cada destello
de esas estrellas que ríen
sin mirarme de cerca,
o simplemente
como si me hubiera arrancado una parte de mí
sin preguntar siquiera.

Y en este rincón de mí,
que tan pocos conocen,
me paso las horas buscando una luz a la que aferrarme.
Pero hasta que aparezca,
aquí estoy,
consumiéndome poco a poco,
igual que este cigarro
y encendiendo llamas al azar
para ver si así
decides volver.

10. Espejo

He roto un espejo con tu nombre escrito
a lágrimas de sangre seca y los añicos de vidrio se han esparcido
uno a uno por la sala,
clavándose uno a uno, también, por mi piel.

He roto un espejo con tu nombre escrito
a golpes de miedo en mi propio infierno y ahora siete años
de mala suerte se regocijan de la risa en mi sien.
Me han privado de querer porque tú me privaste de ser.

He roto un espejo con tu nombre escrito
y he escuchado el eco de tu voz gritando mi nombre al torcer
cada una de las esquinas de mi cama
y tu aliento en mi nuca persiguiéndome una y otra vez,
pero al girar la vista nunca estabas.

Si crecer significa vencer,
yo he crecido bajo la sombra de tu ombligo y lo único que
he vencido ha sido el sueño,
si en estos aún te pienso (aunque siempre de color negro).
Entre bares de mala muerte y carreteras desérticas
que construyo en mi cabeza
llevo años vagando descalza,
pero ya no siento los clavos porque un día me acostumbré
a llevarlos.
Aún sigo recordando los ojos de miedo que ni el espejo
de mi cuarto consiguió sanar.

Casa dejó de ser casa
para ser refugio

y necesité esconderme a oscuras bajo las sábanas para dejar
de escuchar tus pasos volver.

Ahora me rodeo de cuerpos desnudos y, sin saberlo
ni quererlo, te recreo en mis adentros.

Me veo entre el cielo y el infierno.

Te veo cubriendo todo mi cuerpo.

Me disocio del espacio-tiempo y poco a poco desvanezco.

Ahora disparo a ciegas a las nubes para ver si alguien me
escucha a lo lejos.
Porque el tiempo lo cura todo, dicen, y yo ya me curé
hace tiempo de todo, menos de ti.

He roto un espejo con tu nombre escrito
y maldito el día que decidí romperme yo con él,
si ahora aún no soy capaz de mirarme
y, aunque no me mire, siempre te veo.

He roto un espejo con tu nombre escrito
y ahora siete años de mala suerte se regocijan de la risa
en mi sien,
así que hoy, con lágrimas tan secas que incrustan herida,
te pido, por favor, que de mí, por fin, desaparezcas.
Siete años de mala suerte, dicen.
Pero ya han pasado ocho
y yo
ya he cumplido condena.

CAPÍTULO III - CRECER

Pura vida - **Amaika**

11

Flor que no marchita
por espinas mal curadas
y exceso de verdades
en las raíces de su caminar.
Descalza entre botellas y almas rotas
pasa la noche,
bailándole a la luna sin cesar.

—De noche todo es caóticamente más bonito—

12

Me he aferrado a los míos
porque este mundo me viene grande
y a veces deseo volver,
a veces deseo avanzar,
a veces deseo parar el tiempo
y quedarme aislada
en el momento más crucial,
y repetirlo,
y repetirlo,

y repetirlo
hasta quedarme sin aliento.

13

La dulce flor se hizo de hierro
y cayeron las lágrimas de su rostro una última vez.

Aún conserva sus pétalos.

CAPÍTULO IV - CAMBIOS

Una nada más - **Fran Mariscal**

14

Hablamos de perdernos,
no entendernos,
desprendernos;
herirnos desde el cielo,
«las manos contra el suelo»
y de fondo un grito escondido y sin consuelo.

¿De verdad creéis que hablamos de respeto?

Saltarnos las normas quebrantando las formas,
rompiendo vínculos,
huyendo en círculos.

Dime,
entonces,
¿cuál es mi destino?

Humanidad.
Sociedad bajo esta suciedad,
ratas de ciudad.
Eso de tener corazón ya no es real.

Determinación por cada gesto de amor,
descontrol,
eso de matar por amor ya no es una razón.

15

Me he pasado toda una vida apostando doble o nada
a cualquier sonrisa bonita,
y he perdido tanto que ya solo sé salir corriendo de todos
aquellos inicios.

de besos a huesos
de huesos al cielo
del cielo al suelo y del suelo subiendo que ya más abajo no puedo.

16

Siento
que el silencio ya es veneno supurándome las venas cuando l
a ceniza me hace sombra en la memoria,
y yo muero por ser vicio de algún jodido poeta,
por ser melodía de amor o amor hecho melodía,
arrastrándome a ser presa de algún desconocido que sueña
con ser libre desgarrándome la piel.

Quiero,
quiero ser cielo de algodón entre tormentas
y dejar de marchitarme en primavera,
volver a ser poema
y ser susurro de esperanza entre ojeras malvas.

Quiero recorrer el viento a la velocidad de tus versos
y ser beso de flor,
fluyendo entre el deseo y el *nopuedohacerlo.*
Dejar de ser espina para sanar heridas,
dentro
de la mujer combativa que he querido ser,
y luchar
y gritar
que esta vez soy mía,
que nadie va a curarme las heridas
porque sé ser pedazo de vidrio en mis adentros y
morirme,
en tus brazos, recitando esto.

17. Carta de una Educadora Social

Desperté hace unos días, oliendo a café recién hecho
y con el sonido de las sábanas susurrando «quédate».
Inhalé intención, reuní valor y corazón.

Destellos de sol,
viento a mi favor,
todo estará bien, decían, todo está bien.

Abrí puertas bien cerradas,
cerré candados oxidados,
escuché atenta algún sueño frustrado.
Sequé lágrimas de impotencia en pañuelos ya usados.

Valor y corazón, me repetía.

Desperté dos días después, ya no pensé en el café,
las sábanas olían a vacío y el cielo dispersaba frío.

Se me tiraban encima nubes con nombre y apellido
y creaban tormentas pasajeras en mis pestañas más sinceras.
Pero todo estará bien.

Valor y corazón, me repetía,
mucho corazón.

Despierto hoy, inhalo humo de tabaco, frustración y enfados.
Exhalo lágrimas llenas de vacío, descontrol y actos deshumanizados.

Abro puertas con candados que privan de libertad,
de sueños por tocar,
cárceles bien amuebladas para quitar la sensación de soledad.

Ya no me vale el corazón si disparan desde arriba.

Hoy te digo, solo me vale el corazón para calmar vuestro dolor.

Porque no llevo llaves suficientes en mi mano
para entender la frialdad de los actos del ser humano.

No llevo suficiente peso en mi espalda
para explicarte que yo, a tu edad, me ensuciaba las manos de barro,
que respiraba tranquila sabiendo que cada noche tenía
un techo de resguardo.

No sé cómo explicarte que los destellos de sol no llegan a
vosotras, que alguien decidió hace tiempo que vuestra felicidad
no importa.
Parece que el viento suspira a contracorriente cuando alguien
con uñas y dientes intenta ser valiente.

Y aún se sorprende cuando alguna de vosotras
rompe los platos de la cena de ayer,
parte nudillos en la esquina a torcer,
siente el desprecio de miradas llenas de necios con privilegios,
escucha la crítica de sonrisa obligada que prejuzga al no llevar
camisa y corbata.

Y yo siento el dolor en ojos ajenos que pierden el color,
el calor de tus lágrimas amarradas a un ayer sin pausa,
puños de mentira,

siento la rabia si amenazas con huidas, porque no hay nada que
perder si te hacen creer que no hay nada por lo que luchar,
y te rompes por encima
de una sociedad que cree tener bajo control
la realidad de un mundo lleno de descontrol.

Así que hoy quiero explicar
la razón de mi malestar,

niños con rasguños en el alma y las rodillas intactas,
moratones a escondidas, sonrisas de mentira,
felicidad dependiente de un sistema decadente.

Esta es la carta escrita con tripas y entrañas de una educadora
social de centro
a la que solo se le permite llorar por dentro,

Así que si algún día desvanezco,
si algún día no estoy,

desde mi condición solo me queda deciros que no soy yo,
que es esta sociedad que ata al más capaz y lo hace sentirse incapaz,

Que no soy yo,
que yo no elijo,
que mi luna siempre estará encendida para haceros de cobijo.

Que si algún día me voy,
no soy yo,
no soy yo;

si algún día me voy
desde mi condición
solo me queda

pediros perdón.

CAPÍTULO V - PLENILUNIO

Kabaret - **Ketekalles**

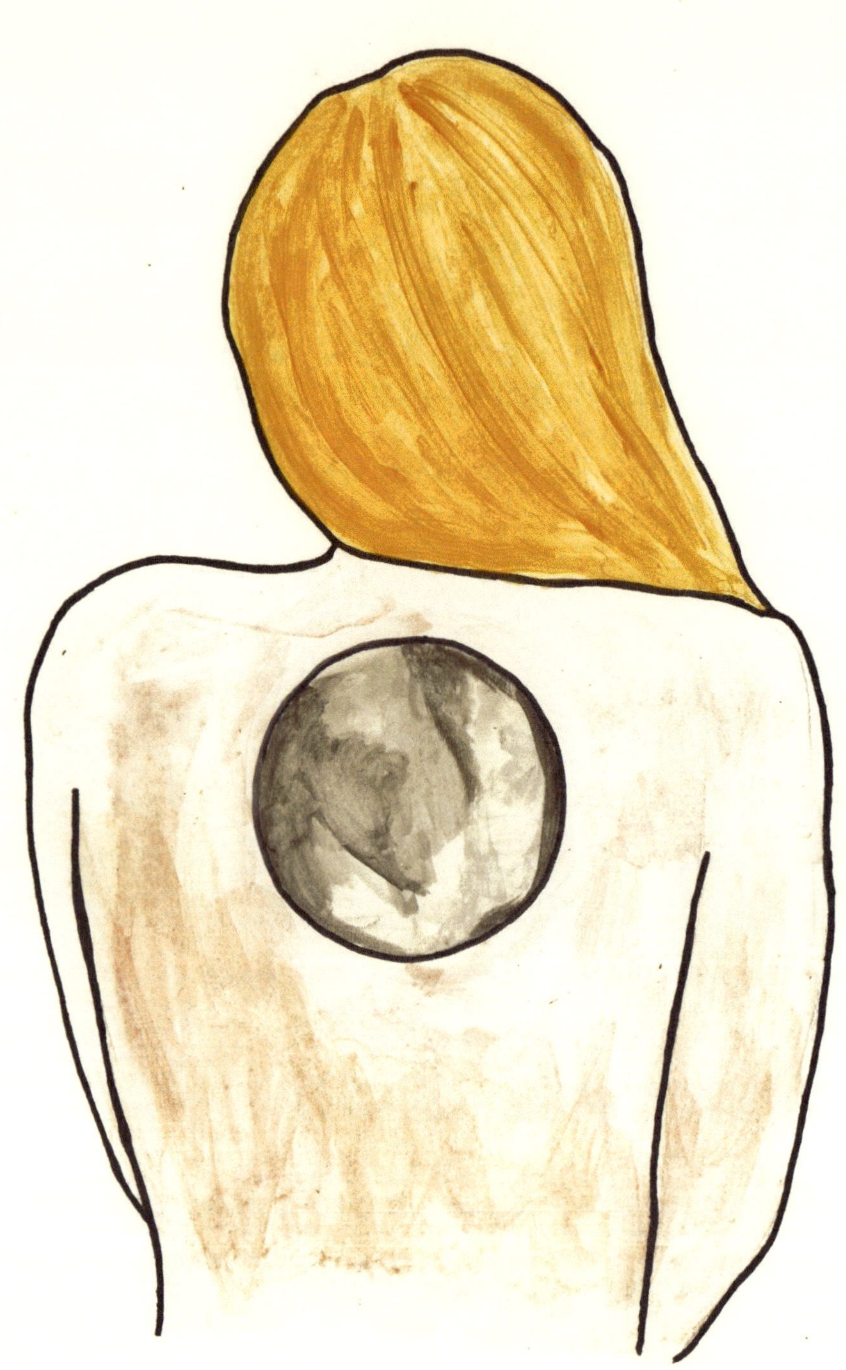

18

Fuimos hechos de libertad.

19

Bonita,
que si no te han pensado (bien) todavía
es porque eres diferente,
igual que cada una de esas lunas
que describen tus ruinas.

20

Y recurrimos al más loco abismo para quedarnos de puntillas
en el filo de una roca,
corrían las cenizas por el viento de levante,
corría mi saliva en el vaivén de tu boca.

Las manecillas del reloj paralizaban,
tiempo dejó de ser tan guerra,
primavera paró en seco y una rosa vivió eterna,

allí solo (nos) corríamos tú y yo.

21

Primavera en mis ojos porque tú eres las gotas.
Creo que despertaré mañana,
y si te secas,
enterraré mis armas junto a las tuyas,
y cazaré pedazos flotando
en un océano de
labios secos
y ojos más húmedos de lo normal,
y sin querer, pero queriendo,
volaremos.

CAPÍTULO VI - COMIENZO DEL FIN

Vuelo - **Diván du Don**

22

Sintiéndonos partícipes de algún beso de hiedra que no
podremos contar mientras sigamos cuerdos.
Perdiéndose en el refugio de algodón con olor a ron que han
encontrado debajo de mis sábanas,
apretarán candados en instantes estancados
y se elevarán hasta donde acaba el día y empieza la insania
de todos mis delirios,
los que con tinta seca han señalado todos los puntos a unir
entre tu casa
y la luna.

23

Me han dicho que ha vuelto a huir sin mirar atrás,
sin saber si por el camino se dejaba algo,
evitando retornos caóticos
porque la mala suerte se esfumó hace ya mucho tiempo
y seguía sin saberlo,

que he aparecido de nuevo en su designio
porque la melodía de su canción favorita ha vuelto a emerger
entre su memoria,

y entre las lagunas de alguna noche borrosa
he recordado cómo sonaba.

24

Persiste en mi memoria
la existencia aún cómplice de un roce con olor a mártir,
tres puntos suspensivos que con tinta seca pintan mi espalda,
        encuentran el punto y final del cuento,
como Romeo y Julieta en su intempestiva historia del querer,
veneno impregnado de poder sobre la piel,
veneno impregnado del querer y del no saber
ni el cómo ni el porqué.
Hoy aún vago descalza entre clavos de juicio malsonante
        en cabezas remotas,
esperando leer entre líneas los versos de algún loco de legañas
        enmarañadas que me dé todas las respuestas
        que aún ansío,
y es entonces cuando atravieso rauda coraza en su mirada
        de ojos de vidrio en soledad,
estando a milímetros de la paz, si existe en sus muslos
        la armonía de mi psique,
y es aquí, entonces, donde decido estallar.

25. ¿Cuánto tiempo necesitas?

¿Cuánto tiempo necesitas?

Cuántas veces haremos añicos el espejo por no ver nuestro reflejo,
cuántas veces cubriremos desprecios con telones rotos,
cuántos estigmas cubrirán tus ojos de espinas al acabar el día
y cuántas veces romperán estos en codicia en vez de armarlos de empatía.

Cuántas veces justificaremos el puñal haciendo que la muerte sea un juego de azar,
cuántos recuerdos cerraremos con llave,
cuántas veces destrozando hogares;
si las armas se llaman protección y ya no importa el vuelo
del gorrión,
si solo muere quien se olvida,
dime entonces ¿por qué nos matan?

Cuánta rabia enterrada en cunetas,
cuánta necesidad encubierta
si la única que no vemos es la que está más cerca.
Cuántas veces más negaremos el derecho a vivir,
cuánta potestad creemos tener para decidir,
¿cuántas más tienen que morir?

¿Cuánto tiempo necesitas?

Cuántas veces soñaremos con el cuento del final bonito
siguiendo el patrón del odio como camino,

cuántas balas recogeremos del suelo para entender
		que el problema es interno;
y me aferro a la esperanza de cambio cuando salgamos de esto,
al tiempo *notanperdido* porque lo hemos hecho nuestro,
a la conciencia social brotando del suelo,
flor marchita que revive a palmadas desalmadas
con amor en la mirada.

Dime, ¿cuánto tiempo necesitas para darte cuenta?
Yo he roto todos los relojes que indican un tictac,
que apresuran la prisa
y que encierran llantos colgados en cornisas;
caminos de baldosas más moradas que amarillas,
discursos de corbata y camisa
y olor que aprovecha la espera
y lleva el miedo por bandera.

He recubierto mis recuerdos de ceniza,
infancia enquistada,
vida cautiva,
para amenizar un tiempo que no sé dónde va
porque no sé de dónde vengo, pero sí sé que no
		me quiero quedar
si está escrito de cada una de nosotras el final.

Y si estoy hecha de cambio...
¿Cuántas veces tendremos que gritar al viento para que escuche
		el llanto?
¿Cuántas canciones cantaremos como himno del amor?
¿Cuántas veces pediremos perdón?
¿Cuántos privilegios deconstruiremos de la mano del dolor?
¿Cuánto caos sembraremos cortando carreteras?

¿Cuántas puertas abrir para que pueda entrar cualquiera?
¿Cuántos viajes para entender?
¿Cuántas bocas que no obedecer?
Cuánto amor que dar y cuánto odio por sanar...

Dime, ¿cuánto tiempo necesitas?

Yo me encerraría de la mano de la poesía sin importar el
tiempo, con tal de que cuando vuelva a pisar asfalto la sociedad
se haya limpiado las putas manos del marrón de esta suciedad,
y se haya puesto como prioridad
la humanidad.

CAPÍTULO VII - APRENDIZAJE

Ulls d'avellana - **Ginestà**

26

Ser pájaro y sobrevolar todo sin pensar, siquiera, en caer.
Ver desde arriba
bosques de hojas secas en primavera,
inviernos hasta arriba de cenizas
y escombros enterrados en los rincones más visitados.

Otoños
en tu ausencia.

27

Solemos acentuar con más precisión todo lo que nos perdemos
que lo que aún perdura,
refutando cada suspiro con argumentos ilógicos y ojos
            que saben mentir muy bien,
porque jamás nos enseñaron a frenar,
y seguimos haciéndolo fuera de tiempo
por si caer
significa perder(nos).

28

Como Adán y Eva sembrando en mis costillas sus propios ideales,
y yo ahora dejando incauta en el edén al abismo que injuria en mí,
después de hacernos sangre, aún con hambre...
Y es entonces cuando estallo,
Venus llora en mis adentros
y escucha al frío arder
aquella autora de boli y papel
que llorando como niñita a oscuras (porque en el fondo lo es)
no supo volverse calma
ni una noche más.

Hoy
persiste en mi memoria
el *alter ego* que deshiela con astucia tu mirada,
pero
recuerda que siempre que crucemos miradas
volveremos a escuchar al frío arder.

29

Él tan suyo y yo tan revolución constante
sin amarres,
sin tapujos.
Él tan —*nomeacuerdodenada*—
y algún que otro suspiro pringado de rabia.
«Voy a salvarme a mí, no puedo salvarnos a los dos».
Y cuando lo hagas vete lejos,
no quiero volver a enredarme en tus destellos dignos de flor
en primavera,
no podría soportarlo,
no podría soportarnos.

Fue
el instante precioso y no preciso,
el frío del alba, cuando no hay nadie que te arrope el alma
de madrugada,
una eternidad,
un cigarro,
un suspiro. Sin aliento.
Salió a encontrarme
corriéndose
su cuerpo bajo mis escombros,
su alma más bien desnuda ante mis ojos
gimiendo calor en verano,
sollozos
de
no verte
más,
el canto de algún ruiseñor perdido, como yo,

que vuela alto,
sabe que volverá a encontrarse.

Fue mil veces más
y entonces
se fue
porque le rogué que se quedara
y él estaba en eso de —he querido tenerte cerca, pero nunca
he querido tenerte dentro—
porque le mostré todas las caras de la luna, sin apenas conocer
las mías,
porque le exigí más que al resto de los mortales.

30. Tengo una carta para ti

Tengo una carta para ti de esas que quedan encalladas al fondo
del buzón y
bien sellada, que a nadie se le ocurra abrirla si no es a ti.
Habla de poder y te lo otorga, que me han dicho que a veces
abres ventanas de par en par y las cierras con papel de fumar,
así te aseguras de que nadie entre y que sea la luz quien
te despierte.

Tengo una carta para ti que quiere ser leída,
y es que me han explicado tus monstruos que no los dejas salir,
por si lo hacen en forma de no-amor a encogerte un poquito
más el corazón,
y cierras con candados cada «por si acaso» desmigado con
dolor; y que deje huella, pero solo dentro.

Tengo una carta para ti
que habla de dolor y desamor,
de cómo entender el abandono de alguien que siempre
ha estado y ya no,
de cómo afrontar el abandono si alguien siempre ha estado,
pero nunca,
de cómo lamerse las heridas de los pies hasta la nuca,
de cómo cuidarse a una misma,
que una flor no marchita si se mima,
de heridas bien profundas y de cómo supuran,
de las voces que dejan marca en tus entrañas y
de monstruos que dibujan con grito de eco la salida en tus pestañas.

Dentro de esta carta
hay voces que retumban en tu sien,
corazones que palpitan y todas las razones que escondes
al girar la esquina,
así que quédate, que quiero ayudarte
a deshacer cada nudo de tu piel,
que parpadea luna llena en tus ojos de vidrio,
mírate,
que cada vez que lloras, niña,
se apaga tu luz, aunque aquí estás,
plano horizonte se aleja cada vez más.

Pero quédate, te enseñaré a dejarte ser,
a vencer
monstruos de color de miedo
rojo que mancha,
vagan con fuerza en tus adentros y te prohíben crecer,
niña
de esperanza rota,
cuanto más la buscas más corre, más huye, más se esconde.

Hay una carta para mí,
una carta que acecha,
que desvela,
una carta abstracta y de colores oscuros
que me habla de monstruos encerrados como si no tuviera
ya suficiente con tenerlos dentro incrustados.
Qué hago si cada vez que pienso en soltarlos duele,
si al hacerlo se me encoge un poquito más el corazón,

y es que dime qué voy a hacer, si se hace más pequeño aún
dónde cabrá el amor de mi vida y todas mis canciones
hechas a medida,
dónde escupiré todas mis verdades
y cómo lloraré vida
si no me cabe ya.

Que yo quiero ser de corazón grande,
que como dicen no quepa en el pecho
y que explote, entonces conmigo, todo el que permanezca en pie.

Hay una carta para mí,
encallada en el buzón y bien sellada,
que solo yo puedo abrir,
pero qué hago si me gustan las cicatrices a la vista
y soy heridas escondidas,
si me aterra desaparecer
y no encontrar quién ser.
Que hago con estos monstruos,
si cuando gritan desde dentro lloro,
si no sé qué puerta abrir,
si cuando quiero decir algo lo escribo porque ya no sangro,
o no quiero sangrar,
qué hago si los dejo escapar,
quién seré ya...

Pero yo quiero ser de corazón grande,
y si no escupo me consumo,
así que me quedo y desangro,
desarmo
y no agarro,

que monstruos del pasado encuentren camino
de asfalto y no de llanto,

que cada vez que lloras, niña,
se apaga tu luz,
y, joder, con lo que tú brillas.

CAPÍTULO VIII - FIN DEL CICLO

Viure sense tu - **Antònia Font**

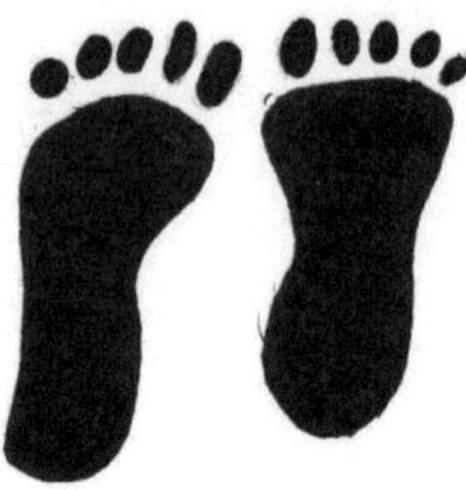

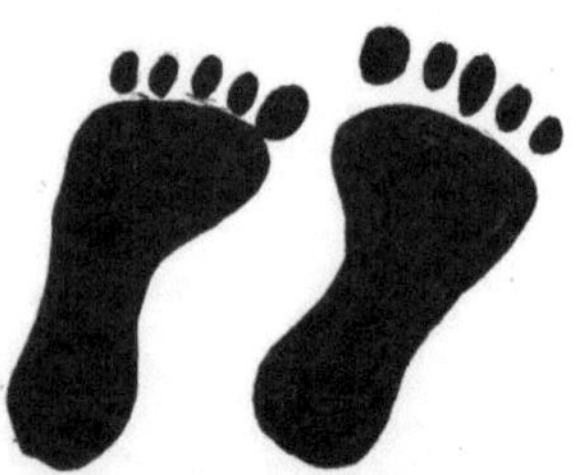

31

Te he querido a ratos,
a veces
y a suertes.
A tragos largos,
también amargos
y entre algún paso de baile improvisado.

Te he tenido en mí,
en noches fugaces (como las estrellas que se reflejan en copas
ya vacías)
y en aguas efímeras (pero no ante nuestros ojos).

Ojos que brillan a lo lejos,
y brillas tú
cuando entre beso y beso
me gritas

tú y yo contra este invierno.

32

Perdía trenes constantemente,
su vida estaba hecha para correr
detrás de todo,
detrás de todos.

Eras solo uno de esos versos bonitos
recitados entre el frío de una cama vacía,
que cada noche me desvela
susurrándome que quiere volver a dilatarte las pupilas.
Uno de esos que te marcan,
que caminan por tu cuerpo dejando huella a cada paso.
Y me he quedado enredada entre sábanas
un poco rotas,
y abriendo las ventanas de par en par,
que necesito que el aire de este frío invierno me devuelva todas
las verdades que he ido perdiendo.
He guardado sitio en todos los balcones ajenos
para olvidarte,
y luego me han devuelto tu sabor
a cada calada, a cada suspiro.
Eras esas ojeras después de tantas noches,
de tantos acordes desafinados,
entre libros llenos de tinta
y una tenue luz que me recuerda un poco a la de tus ojos.

Hay un poco de ti en cada uno de mis dedos,
un poco de ganas de subirme al primer tren que veo
(pura costumbre, supongo),
pero soy de perderlos todos.

Eras calor
entre bancos solitarios en pleno invierno,
y mis ganas de dormirme entre tus caricias.
Eras todos mis poemas,
todos y cada uno de los versos por los que yo escribía;
eras poesía.

33. Primavera

—Volarán los gorriones al exilio de mis caderas cuando tus dedos se hayan hecho de piedra en el precipicio de mi ombligo—

Aún no es primavera y se me parte el cuerpo en dos cada vez que intento escribir sobre un corazón. Podría decirte que nunca antes lo había sentido desde tan dentro,
que las injusticias me erizan más la piel que un beso,
y que toda la tinta que escribo la desangro a cada verso, porque sana (o eso dicen) y yo necesito sanar más que amar desde hace tiempo.

Acaba febrero y parpadeo en un tren de larga distancia. Entre paisajes fugaces y canciones tristes, escupo todos los pedazos que llevo dentro y que inundan las pupilas cuanto más me alejo de casa.
Ya casi es primavera, y aunque salga el sol yo sigo escribiendo desde mis sombras,
que hace tiempo que no me hago de escritos corazones en páginas en blanco por miedo a perderme en ellas y no saber volver.

Con los dedos deshechos de taparme agujeros a la fuerza y con ojos de luz en pleno atardecer, abro mis brazos y me dejo caer en un abismo hecho de calma de beso en pleno apogeo.
Vuelvo al corazón de tinta que enterré en gotitas de sal, a apagar el incendio que me hice interno, que ahora soy de agua que riega dentro.

Esta noche te recitaría un poema de esos que has escuchado a lo lejos y que siempre me pides seguido de un beso.

Haría ruido para que me despertaras a medianoche a ver la luna; te explicaría a pocos centímetros de distancia que he sido feliz, y que he tomado mucho vino para regar algunas flores de esas que ahora crecen dentro mío.

Acaba febrero y aún, a veces, me retuerzo de dolor si recuerdo el golpe que partió mi cuerpo en dos,
pero ya casi es primavera y si no estuviera tan lejos la luna, si no existieras tú tan lejos, apostaría a que el miedo se ha hecho pequeño al vernos llegar,
que si no paro de sangrar es porque si sé amar de verdad,
que si no supe hacerlo quizás no era el lugar,
que si ahora sé romperme en mil pedazos sin acabar de estallar es porque quiero quedarme a curarme entre el cobijo de tus brazos un rato más.

Esta noche te digo que ha dejado de llover en mis adentros desde que te has hecho techo,
que escucharía repetidas todas las historias de tu vida con tal de alargar unos segundos más la despedida
y que te cantaría todas las canciones que hablan de nosotros, por detrás de la oreja derecha,
hasta que podamos echar a volar juntos y vuelen los gorriones, de nuevo, al exilio de mis caderas.

—Solo entonces podré decir que se ha hecho placer volar contigo en este mundo de vértigo y que, aunque aún no sea primavera, esta vez yo la llevo dentro—

CAPÍTULO IX - NUEVOS COMIENZOS

La gent que estimo - **Oques Grasses**

Este poemario se inicia en Granada, de la mano de Slam Poetry Garnata y un rinconcito con mucha magia llamado La Tertulia, y se acaba en Hospitalet de Llobregat, con el amor, la sinceridad y la pureza por bandera.

Este poemario es una mezcla entre Granada y la Luna,
entre hogar y refugio,
entre la superación del dolor y el aprendizaje del amor.

Yo he aprendido a mirar la Luna desde Barcelona,
y ahora, la reflejo en Granada.

Cuando las calles y los balcones se llenan de flores,
cuando las plazas cantan y reparten claveles al pasar,
cuando las personas se visten cada noche para salir a bailar,

hablo de Granada.

Cuando encuentras amor en miradas,
cuando encuentras un lugar donde poder gritar,
cuando encuentras poesía en la barra de un bar
y gente que escucha sin juzgar,

hablo de Granada.

Cuando encuentras tu sitio en una plaza,
cuando encuentras refugio en un hogar,
donde la gente ríe más alto
y el sol brilla más,

hablo de Granada.

Gracias por formar parte de él
y de mí.

ÍNDICE

CAPÍTULO VIII - FIN DEL CICLO

Viure sense tu - Antònia Font

CAPÍTULO IX - NUEVOS COMIENZOS

La gent que estimo - Oques Grasses

Este libro se terminó de editar en Granada
en enero de 2024 por

Aliarediciones

www.aliarediciones.es
info@aliarediciones.es